JN408977

조국 통일을
염원하며

조국 통일을 염원하며

최윤표 제3시조집

도서출판 천우

● 시인의 말

글 쓰는 일은 살아감에 있어 큰 활력소가 되고
인생여정의 지란지교가 되었다.

이번 작품집을 통하여 조국 통일을 염원하는 애국심과
문학의 대기만성의 귀로에 선 기분이라 해도 과언이 아닐 만큼
심혈을 기울인 분신 같은 시조의 진면목을 서술해 보았다.

창작 글의 위대한 탄생은
불모지에 씨앗을 뿌려 옥토를 기름진 글밭으로 일구는
염록유근 같은 시인정신의 자화상이 아닐까 하는
꾸밈없는 진솔함이 독자들과 소통하고
교감되기를 희망하는 바이다.

2023년 9월

심오하고 탄탄한 시조의 결정체

김 천 우
시인 · 문학평론가 · (사)세계문인협회 이사장

최윤표 시인의 제3시조집 상재는 남다른 의미를 부여하는 심오하고 탄탄한 시조의 결정체를 더욱더 빛내는 유수한 작품집이다. 시조(時調)정신의 출중한 시작(詩作)을 노래하는 걸쭉한 화자(話者)의 자산을 더욱더 심도 있는 언어의 연금술로 끌어올리는 점이 노련한 시인임에는 틀림이 없다. 시조집『조국 통일을 염원하며』를 접하며 색다른 시적 진정성이 돋보이는 것은 왜일까 할 정도로 시조를 사랑하는 뜨거운 열정과 뛰어난 시적화자의 영감(靈感)은 농익은 가을감처럼 달달한 감칠맛이 독특하다.

최윤표 시인의 제3시조집은 제1부 조국 통일을 앞두고 현대시조와 정형시조를 연결하는데 이어 제2부 대한영토를 서두로 단시조에서 연결되고 제3부는 고향(故鄕)을 중심으로 시조의 참신성과 잠재의식이 가미된 조국애와 더불어 고향에 대한 그리움을 성토하면서도 진솔하고 담백한 자기만의 독창성(獨創性)이 수려한 시인의 시조세계가 깊이가 있고 중후한

연륜이 가미되어 한층 더 시적화자를 향기롭게 전개하는 능숙한 화법이다.

시조는 자유시(自由詩)와 완연히 다르다고 본다. 그러나 시인은 운율(韻律)과 어휘(語彙) 여백(餘白)과 형상화(形象化) 등에서 현대시와 다른 관점이 있지만 최윤표 시인의 시조세계는 자유자재로 언어를 함축시키는 능력을 골고루 잘 갖추고 있다. 서정이 짙은 단시조의 맛과 멋 또한 그만의 개성을 잘 살려내는 언어의 산실이 아닌가 한다.

시인의 이번 시집 상재는 한국문단의 이슈가 될 만큼 자유자재로 언어의 꽃을 피우고 있으니 말이다. 특히 제목인 작품은 범상치가 않으며 시인의 애국정신도 남다른 면모가 돋보인다. 그만의 시적화자가 전달하는 애끓는 시세계에서 관조의 깊이와 조국애의 지고지순한 사랑을 시조로 승화시켜 작품화시키면서도 흔들리지 않고 담담하게 풀어간다.

지칠 줄 모르는 시인의 무궁무진한 언어의 구사력(驅使力)에 놀라움을 금치 못하면서도 시조시단의 걸쭉한 명품시인이 자리매김한다는 사실이 얼마나 노년의 문향을 빛내는가를 유추해보면 놀라울 따름이다. 결코 쉽지 않는 청년의 열정과 굽히지 않는 시인정신은 만인들에게 큰 박수를 받을 수 있다는 자질이 넘친다고 본다. 남은 여생 시조의 밝은 등불이 영원히 세세연년 빛나기를 희망하는 바이다.

제1부 연시조

제2부 단시조

제3부 한문 시조

●부록

제1부

연시조

조국 통일을 앞두고

천지 못 아름다운 거룩한 무궁화꽃
전 세계 알고 있는 뻗어갈 대한민국
지금도 몸부림치는 원망만 한 조국의 땅

일마다 긴 세월의 통곡과 몸부림친
통일의 열망 속에 동강난 금수강산
서러워 울고 있는 건 북 무능 위정자들아

삼천리 금수강산 동강난 설움 안고
한민족 핏줄에다 총칼에 빗발치고
청춘의 생명을 바친 대한민족 선열영웅

동강난 조국이여 언제나 통일되랴
위원장 무능정치 미래가 곪아가니
조국의 통일 앞두고 한마음 한뜻을 모으세

아득한 옛날

세월이 가는 길에 시간도 소리 없이
우리는 세월 속에 자고로 망설이며
흩어진 이산가족은 눈물들의 한강수여

아득한 옛날부터 좋은 세상 살았던 걸
남과 북 막막한 삶 이렇게 살아야만
할 건지 조상님 얼 넋 부끄럽지 아니하나!

깊은 속 털어놓고 속 시원 들어보자
하늘도 하나이고 달 하나 해도 하나
사랑도 조물주께서 맺어준 대한민국이여.

판문점(회의실 건물)

남북이 합의하에 거금에 세웠는데
그 무슨 불순 소견 졸렬한 앙심 품고
귀중한 건물 폭파한 북 왕 행세 그뿐인가

천지의 세상 묻자 젖먹이 애 아니고
남북 간 화합한 좋은 세상 살자는데
정 나눠 감정 풀고서 도우며 살자는 걸세

한 발짝 통일 상황 물색해 손잡고서
한 핏줄 조상 생각 웃으며 후세 생각
지금의 남 시조시인 북위원장께 올리는 詩.

판문각

무엇을 위하여서 판문각 이름지어
세웠고 정전협정 해온 지 수년 넘어
녹슨 지 몇해이런가 백두혈통 피도 말라

이북의 최고명물 꼴좋아 보기 좋고
죄없는 회의실을 허문 건 무슨 악감
품고서 삼대의 행실 조상의 피 파는고야

국민의 피를 팔고 하늘은 욕을 하는
온세계 욕설 속에 귀마저 멍이 든다
못 담을 욕설마저도 백두혈통 망하는 날.

언제나 편한 삶

배워도 헛배운 왕 직위가 그리 좋은
왕 자리 백성들은 꽃제비 길에 너즐
언제나 속이 들까요 꽃제비 왕노릇꼴 좋아

북사람 굶는 사람 그 반면 누룩돼지
사람 꼴 좋아 쫄병 노인들 늙다리라
구경도 많이 했지요 울긋불긋 색동옷들

우상화 꽃 속에서 잘 먹고 잘 입은 옷
들에는 그런 꽃도 없는데 가끔 보지
행사 때 보는 이 함박꽃들 보면 넋이 빠져.

주마등 시절

내 심정 애처롭고 생활은 슬픈 바람
스토리 인생길은 반접은 제이 고향
남쪽을 바라보면 은, 소 시절 생각뿐일세

마음은 나이 들어 이승을 떠나가는
시간은 하루하루 접어진 오늘이고
자고난 허탈한 생각 말없는 마음 허전코야

세월의 날이 새면 북쪽의 생활 거리
볼 만한 것도 너무 수많은 건군훈련
이북의 환호 달빛에 환상 보인 인산인해여.

근본 주지시

주재의 벽을 넘어 빛나는 조국 평화
통일을 하루바삐 앞다퉈 평온한 삶
대한의 무궁화 꽃씨 우량종 최고 좋은 씨

한국의 화려강산 칠월의 아름다움
무궁화 대한민국 희망찬 지도 만들어
새로운 대한 갓들에 심어 근본 주지시*로

전 세계 표상이 돼 부러운 세상 삶이
위상의 꽃 속에서 태극기 휘날리는
대한의 만천하 세상 살아갈 최상 나라여.

* 주지시(主知詩) : 정신적 노력이나 냉정한 태도에 의한, 예술시에 의하여 형성된 시의 하나.

두고 온 고향

소 시절 두고 왔던 그립던 내 고향집
철부지 어린 마음 뛰놀던 그 시절을
세월의 너와 나와는 커오던 어깨동무

밤이면 뒷동산에 만나면 애정 얘기
달 아래 뒹굴면서 지내던 아가씨들
그중에 나와 인연을 멀리한 바보인 꽃

지금의 타향살이 아롱진 미련 남아
후회도 청춘 속에 휘몰이 하는 생각
꼬집은 타향살이가 옛정을 울리느니.

서울 청계천

고왔던 물결무늬 굽이쳐 출렁인다
세월은 성을 내어 바람에 뉘어가고
강물 안 물고기 떼가 입을 쳐들고 튀어 오른다

푸드득 입을 벌린 물고기 순식간에
물속에 들어간 후 그림자 안 보이고
물무늬 출렁거리는 무늬는 퍼져가고

신음도 없는 무늬 원 그려 번지면서
물속엔 아무 소리 나지도 않는 무늬
그 속에 큰 잉어 떼가 활개 치며 기어간다.

영산강

물위에 무늬 놓은 물살은 바람 따라
출렁인 세월들을 세면서 뉘어간다
바람에 줄무늬마저 차례로 뉘어가고

천만년 그럭저럭 물무늬 놓았으리
상류에 흘러내린 물줄기 노랫소리
오늘도 쉬지 않고서 무늬 그려 흐르네

햇살의 굴곡 받아 흐르는 강물소리
쉬지도 않고 마냥 차례로 흘러가며
철없이 매양 오늘도 쉼 없이 노래하면서.

불러본 내 노래

불러본 내 노래의 소리가 새벽길목
공기의 깊음 속에 취 올라 메아리쳐
아련히 울려간 소리 들릴 듯 말 듯 하느니

소 시절 결혼할 때 유행가 첫날밤에
지금도 노래라면 사족이 춤을 추듯
환장을 참지 못하는 학산 거목 시조시인

누구나 노래라면 모두가 좋다지만
삼합이 맞아야만 잘 부른 노래이지
지금도 젊음을 과시 듣는 사람 다 놀래지.

잊지 못할 사랑

살 만한 세월의 길 걷다가 간 사랑아
그렇게 매정하게 말없이 떠난 인생아
친구의 소개로 만나 병자로 살다간 사람

내 자신 뭐라 하고 말하지 안했는데
매정케 서글프게 외롭고 고독한 몸
나 혼자 독수공방에 쓸쓸한 몸 남겨두고

말벗도 없는 몸이 벙어리 삼룡으로
혼자서 입 다물고 천장만 쳐다보며
정정림 발자국소리 잊지 못할 사랑노래여.

그 시절 발자취

이렇게 잠길망정 무언의 이 허무함
가슴의 주마등이 돌아본 무정세월
그 시절 발자취들이 가버린 정정림아

하루도 잊을 수가 없으니 눈물 고인
애수의 역겨워진 비수가 눈에 흠뻑
적시는 비참한 얼굴 서글퍼만 가는 심사

꼭 한번 만났으면 내 한이 풀릴 것만
같으며 죽더라도 여한이 없을 것만
눈물이 하소연으로 주룩주룩 보고 싶다고.

순덕이 속았지

— 사랑했던 정림(순덕)

순덕이도 속았지 나도 야! 속은 것을
어떻게 정림이를 이혼시켜 자기 동생을
나에게 혼인시키려 했던 그 마음 속았어

지금에 생각하니 속병 든 자기 동생
나에게 중신해서 살게 할 생각으로
중간에 헤어지라고 순덕의 속 늘 긁어대

언젠가 애 못 낳으면 무슨 말 들으려고
그러니 저러하니 속 터진 나를 보고
순덕이 집 들어오면 헤어져라 꼬셔댄 말.

속은 건 내가 바보

— 내 사랑 순덕

한두 번 아닌 속이 상해서 참지 못 해
천불이 나서 참지 못하고 해준 것이
지금에 와 후회심이 원망이 되고 있을 뿐

지희의 어머니가 죽고는 개미새끼도
오가지 아니하고 전화도 소식불통
지금껏 전화소식도 먹통 돼 아무 말 없고

내 신세 망쳐 놓은 집 들면 홀아비에
눈물이 나지 않고 밥맛도 없는 처지
고독을 깨물고 울면 인생종말 죽음뿐이야.

한(恨)의 노래가

— 내 사랑 정정림

이렇게 괴로울 수 없으며 마음 썩어
첩첩이 쌓여오는 심장의 가슴앓이
풀 수가 없는 원망을 뉘에게 말할 길 없어

비운의 벙어리가 돼버린 바보인생
벙어리 삼룡처럼 가소로운 인생길
어쩌다 이 지경으로 홀아비 수수께끼여

이 길을 걸어야만 늙음의 문턱에서
되짚어 보나마나 소용이 없음인데
장본인 속만 썩이고 인생살이 바보 돼버린.

독수공방하며

— 죽어도 내 사랑 못 잊을 정정림

이렇게 될 길에서 말없이 헤어졌나
그렇듯 병자인생 한마디 속앓이가
살 만한 세월의 길을 걸어오다 간 사랑아

그 뉘가 뭐라 하고 말하지 않았는데
때로는 서글프고 외롭고 쓸쓸한 몸
내 혼자 독수공방에 쓸쓸한 몸이 되어

말벗도 없는 몸이 벙어리 삼룡이듯
혼자서 입 다물고 천장만 쳐다보며
지나간 옛 발자국의 한의 노래가 날 울려요.

늘 꿈만 꾸는 남자

늘 꿈을 꾸는 학산 옛 사랑 정순덕
그 많은 세월 길을 거닐며 달콤했던
변함이 없었건마는 친구의 속임수에

내 마음 놀라게 한 그 사고 생각하면
미련도 후회마저 정곡을 울리지만
하루도 잊지를 못한 노여움 행복 비는 정

고아한 마음으로 정갈한 행복 속에
미소의 생활 속에 건강한 모습으로
언젠가 꼭 상면 한번 부탁드리고 필, 맺음.

지금 어데 사는지

인생의 종말일랑 코앞에 왔지만은
눈감기 전, 꼭 한번 애원 코 만나보고
내 마음속 응어리 당신께 전하고 싶어

살아온 과거사에 첫사랑 잊지 못해
진주성 사랑해왔던 행복 그 속에서
아롱진 스크린 속에 그 모습 내 눈에 보여

이렇게 허망하고 보고파 미치겠고
정림의 그림자도 눈으로 비쳤으면
여한이 없을 것 같고 눈을 감고 갈 것 같애

너무나 매정하고 길가에 무명초 된
가슴속 묻어놓은 애처로운 정정림
인간성 헤어질 때에 후하게 보낸 첫사랑

왜 삼삼할까

— 당신밖에 난 모르고 길 걸었어

이별이 언제인가 수없이 흐른 세월
떠날 때 한 마디의 말없이 간 정정림
지금껏 잊고자 해도 마음의 비밀 못 지워

떠난 지 적막 세월 보낸 지 벌써 몇 년
내 살아 있다 해서 눈감은 훗날까지
잊지를 못할 인연의 정이 소곤소곤 거려

사랑의 눈물 까닭 이어져 연년세월
내 홀로 참아가며 남몰래 짧은 야밤
지금도 못 잊으면서 날 밝은 뜬눈 새우며.

사위를 잘 만나서

세상을 살고 보니 세계를 지구 구경
몇 바퀴 몇 바퀴를 돌면서 기행문도
써 놓고 읽어 보면은 재미들도 많이 있고

구경도 많이 하고 별천지 지나가는
세상의 꿈속 같은 하늘을 날으면서
못 보던 오만가지를 구경 마음 지울 길 없어

살고 본 세상살이 만족함 있지마는
사위에 미안함도 말하지 못한 마음
정말로 고맙다는 말 미안함이 입을 가렸네.

그 모습 환상

어릴 적 부잣집의 막내로 태어나서
호가로 남부럽게 머슴을 네 명 두고
부친의 품속에서 어리광 받은 막둥이

그래서 형님들이 날 미워 눈치 보니
뒤돌아 외롭스리 모른 척 눈물 흘린
형님들 눈치만 보며 매도 맞고 울었느니

그렇게 부친께서 나만을 예뻐하던
그 생각 어릴 적의 그 마음 변함없어
귀여움 받으며 살적 그 모습 눈앞의 환상.

인생의 보약

인생의 행복 길은 서로 알 수 없고
삶의 길 터전에서 건강을 보호하여
일평생 살아갈 길을 염두해야 함일러라

남녀 간 소변 길이 원활한 몸 다스려
소변이 수월하게 나오게 하려면은
서둘러 약을 먹어야 함이 첫째 다스린 것

그리고 오래오래 살려면 일찍 일라
가벼운 운동하고 걷기의 운동필수
오령산 보성녹차를 먹으면 소변은 그만.

언제나 되새긴 고독

언제나 속절없이 하루를 넘기려고
입술을 깨물면서 고독을 이기려면
지난날 젊음의 시절 발자국 뒤돌아보니

울렸던 한두 번이 아니던 눈물한강
봄날의 새로운 시 쓰려면 고독 눈물
젊은 날 생각 속에서 되새기는 삶의 여로

늙어도 옛날 그때 생각이 울리는 밤
젊음의 기억 속에 살아온 그 시절을
되씹어 생각에 젖어 고독이 혀를 깨문다.

혈서지원

— 18세 최윤표

나이도 어린사람 전시에 무명지를
깨물어 흰 종이에 혈서지원 했던 나
피로써 대한민국만세 만세 써 올렸느니

그런데 그 노인을 돈 받고 나를 대신
인원에 채우느라 그이를 빼돌리고
숫자에 맞추고서는 인원 채워 넣지 뭐요

알면서 모르는 척 참고서 그 사람 간
행동만 보면서 난 앞날을 생각하니
눈물이 한강수가 돼 입 다문 벙어리였지.

타향은 낯선 고향

타향은 낯설어도 눈만은 낯익어서
고향은 낯이 익어 늘 항상 못 잊는 곳
한없이 지향 없어서 현재를 바라보노니

구 세월 지나가고 새로운 마음안고
오늘은 못 잊을 건 고향이 아니런가
하늘도 무정세월을 잡지 못하고 간 것을

이것이 인생살이 세월의 나이 접고
오늘도 터벅터벅 어데를 가는 건지
시간은 재촉하는데 늙은 마음 못 따라간.

멈추지 않는 내 꿈

어머님 품을 떠나 내 인생 행복했던
살아온 주마등을 걸어온 자국들이
소곤대 뒤돌아보게 꿀잠 속에 떠오른 정

나이테 엮어오며 귓속에 소곤대고
거닐던 발길 세월 고단타 애걸하는
세계화 연 대한민국 꿈 일군 일등국가라

그래서 돌아가신 아버지 생각 영원히
지우지 못하는 건 인생의 주무자 힘
꿈이란 부모님 생각 사라지지 않는 혈연 꿈.

풀리지 않는 시조

마음에 없는 벼슬 달가운 것 아니
쓰려는 시편들은 재주가 부족함이
부끄럼 앞을 가리니 술 생각이 간절하고

붓대는 붓대대로 휘저어 성을 내고
눈 감아 쓰려하니 풀리지 않는 시조
그렇게 쓰기가 힘든 시 어휘가 잡히질 않아

기쁨이 지나치고 붓대는 희롱하니
온종일 노랫소리 권하는 흰머리가
이제는 부끄러움에 붓이 줄행랑치느니.

시백 명예

감회에 젖었는지 붓을 든 마음에서
시를 써 감회 젖어 보노니 흥은 혼자
흥대로 꽃 앞에서만 글귀가 술에 취하네

그러니 시 쓰기란 쉽지가 않은 것을
어찌나 시백명예 천년을 바라보고
예쁘고 아름다움에 아양의 도가니 빛나

품어 앞으로 천년지난 후에는 꿈에 깨듯
쟁반에 옥 구르듯 언젠가 꽃필 날이
오리라 기다린 그때 꽃향기에 빠지리라.

세월 흐름은

꽃 속에 취하느니 마음에 고민 없어
이 좋은 놀이에서 탐함에 마음 기뻐
고향의 생각마저도 그 누가 말릴손가

옛 친구 잊지 못해 생각난 이 마음을
그 누가 말릴려나 늙어도 옛 친 생각
마음도 초조하노니 옛 고향친지 생각뿐

철따라 피는 꽃은 나그네 반겨주고
모래밭 뭇 새들은 등지고 날아가고
태평한 세월 흐름은 나이테만 먹게 하네.

선조님 모셔야

학산의 고향 보성 언젠가 돌아가면
반겨줄 묏자리며 생각나 자라왔던
친우들 내 고향이라 꿈에 젖은 탯자리

이 생명 다하여도 내 눈을 감을 때는
양보도 할 수 없는 태생지인 거석리
하늘이 무너져도 난 내 고향 산천이며

조상이 계신 곳을 찾는 게 도리거늘
이 생명 다하면은 선조님 모셔야죠
속죄도 빌어 드리고 곁에 사죄 올려야죠.

인류의 눈물

앞날의 풍공 정신 갖추고 풍락의 길
걸면서 인류들의 마음을 편히 삶을
이끌어 대한민국의 위대한 이름 남기리

조국을 배반하는 야심을 버리고서
먼 훗날 꽃필 날을 약속할 정의로운
야심을 따뜻한 사랑 길 근본을 삼아야지

이것이 진실애정 갖춰진 양심이요
살아갈 우리들의 길 찾아가는 도리
따뜻한 미덕의 사랑 보여준 인류의 눈물.

풍년의 덕복

강물은 푸르르고 우거진 녹음방초
산과 들 누덕옷에 물들인 초가을로
접어든 매미소리에 세월 무심촌으로 가고

오곡이 무르익은 들에는 가을맞이
재촉한 풍년으로 접어온 세월이며
국민의 살림 풍족한 즐거운 세상 삶이

만족한 삶의 생활 누리며 살아갈 길
넉넉한 우리 살림 하늘님 보살펴준
덕복의 생활 속에서 만족 삶의 감사함이여.

아득한 예부터

나라도 하나로서 힘 모아 살아가던
한 핏줄 조상 생각 웃으며 후세 생각
지금의 시조시인이 "위원장에게 올린 시"

살면서 감투하나 썼다 해 좋아하면
먼 훗날 미지생각 돌아봐 생각함이
아득한 옛날 후회의 생각 깊은 마음 내켜요

운명은 재천이요 생각이 뒤돌아본
지혜가 깊은 삶의 꿈해몽 해석 같은
"조언은 언중유골의 마음 드린 재언이요".

지금도 꽃제비

위원장 오래살 수 있으면 태어날 때
무슨 꿈꾸었는지 그 꿈들의 실정을
국민 앞 내어놓고서 백성들을 잘 먹여야

나이도 어린사람 유학 가 무엇 배워
정치를 하는 건지 어린애 친구인지
도무지 정치하는 게 실타래 제대로 없으니

정치의 진출이란 국민의 편한 삶을
하도록 머리 쓰고 백성의 대우 받아
정치를 잘한다 하면 운명은 길게 살 거야.

후회하지 말고

누구를 죽여 가며 살려고 핵 훈련만
쏘아대 잘한 것도 없는데 그대 운명
재촉한 줄 모르는 건 귀신도 모르는 걸

누구나 살다 보면 생각지 않은 일이
나 자신도 모르는 운명선 수수께끼
이것이 운명을 좌우하는 순간도리

정치의 지식견이 없으면 빨리 손 떼고
애들과 같이 놀고 사회의 이목보라
앞날이 훤하게 보인 삶의 운명선이야.

냉정한 사회

늘 항상 뒤돌아보고 살아가면 좋으리
올바른 정치생활 잘 돼가나 살피고
그대의 운명선 지켜 잘 살아가야 한다고

누구나 앞과 뒤는 아무도 모르는 사회
앞날에 어떻게 될 운명선 좌우될지
수많은 이야기들이 쑥덕공론 하는 거야

그러다 지나보면 세월은 무정하고
지나간 내 청춘의 엘레지 마음 울려
사회는 누구든 간에 삶의 길 비의 엘레지.

제주 땅 궁금증

중국은 제주도에 건물을 구입하고
중국 기 세워놓고 문 굳게 잠궈 놓고
전쟁 시 쳐들어오려 계획을 짜 논 중이요

만약에 전쟁 돌발 시에는 비밀경찰
침입해 제주 땅을 입수해 중국 땅으로
만들려 꿍꿍이속에 있는 계획이요

건물을 구입한지 모르나 우리 땅에
중국 깃발 세워놓은 야심작 생각해야
기회만 기다리고서 비밀경찰 투입해.

소 시절

내 심정 애처롭고 생활은 슬픈 바람
근심의 인생길은 반접은 제이 고향
남쪽을 바라볼 때면 소 시절 생각뿐일세

마음은 나이 들어 이승을 떠나가는
시간은 하루하루 달라진 오늘이고
자고난 허탈한 생각 말없이 속마음 울어

세월의 해와 달이 잠 속에 이어가니
젊음의 주마등이 소 시절 돌아보니
그 시절 발자취들은 지워져 가버린 인생.

못 잊을 친우

옛 친우 생각나면 볼 수도 없거니와
정신은 고향하늘 남쪽을 꿈꾸었는지
이별의 한 어찌할까? 그 시름 줄일 수 없네

그 시를 읽을수록 공연히 친우들이
내 눈에 삼삼하고 정신이 초조하여
마음에 친우들 시가 처량하게 날 울리네요

우정은 못 속이는 이별 앞 정인 게야
그래서 친한 친우 정이란 안보여도
뭇 세월 구름사다리 없어지면 지워진 거야.

매화의 거문고

고향의 달빛아래 사람은 오고가고
인적은 고요하여 마을이 조용하고
매화의 피리소리는 고요히 울려 퍼지네

가려한 매화몸매 계곡물 흘러가는
둑길에 거문고를 퉁기며 노래 한 곡
신나게 읊어 퉁기는 솜씨 멈춰 듣는 이들

반하듯 혀들을 찬 솜씨에 다들 놀라
지나간 노신사가 혀를 찬 분이 있어
매화의 일거동작에 기절초풍 반해버린.

한바탕 풍월주인

술잔은 인생들과 연하여 빛나느니
시맥의 음율 운은 솔바람 타고 읊어
어디서 거문고 읊은 저 소리 매화 휘몰이

시냇물 저 너머에 들리는 새소리가
신선의 옷자락을 날리듯 쇠바람이
고요히 울려 퍼지는 흐른 물의 거문고여

감화가 깊어가는 시를 쓴 춘하추동
한바탕 풍월주인 술잔을 잡고 보니
칠십이 넘 높은 나이 꽃밭 한번 취해보네.

수견안

애정이 가로놓인 인생길 어디가고
외로움 가시밭의 험한 길 남아있어
그 이름 잊을 수 없어 앞길 막막함아

세월의 길목마다 근심을 풀어야 할
나 홀로 걷는 발길 외로움 풀 길 있나
그리움 마음마다에 물 본 기러기 여로여

생애의 그늘 속에 못 잊고 눈물 없이
아득한 발자국의 그리움 나그네 길
학려의 슬픈 길목을 그 누가 달래주리야.

바퀴벌레

첨 만나 둘러보면 전암은 바퀴벌레
아파트 문 열고서 방바닥 숨는 벌레
파리채 들고 잡으려 하면 금방 숨어버린

세월에 약삭빠른 행동을 어찌하오
예부터 전해오는 아파트 세상살이
약 쳐서 잡아야지요 정부는 무엇합니까

언제나 변함없이 그렇게 가는 세상
말해야 소용없는 시간만 가면 그만
그렇게 살아간 인생 정부에 말해 소용없어.

사노라니

부모님 품안에서 어려서 살아온 길
나이가 들도록 이 세상의 온갖 형상
배우며 눈에 익혀서 기억해 간직하고

걸어온 금수강산 삼천리 방방곡곡
배워도 다 못 배운 우리의 삶의 자산
찬란한 대한민국의 웅장한 이 자산들

모두 다 배우지도 못하고 사노라니
이마에 잔주름이 그어진 세상길을
살아온 인생항로길 못다 살고 가신 분들.

이 생명 다하리

늠름한 발걸음의 맥박이 더욱 힘찬
이제는 종착역의 마지막 길 앞에서
이 한 몸 아낌없는 삶 그 보답을 하리요만

누군가 나에게로 다소의 힘이 되면
걸어온 승리의 길 걸어서 이겨나간
대한의 초석으로서 이 땅을 고수하고

한으로 남아있는 외톨이 나그네 길
오족이 무너져도 내 할일 빛을 뿌려
가치와 양심으로써 이 생명을 다하리오.

김기복 대위님

오랜만에 처음 필 들고서 안부인사
올리니 죄송하며 쑥스럽고 뵙기 민망
용서와 지난날 같이 본부에 동고동락을

대위님 참 반가워 인사를 올리오나
지금도 여전하신 몸으로 건강유지
여전히 금수지락에 행복도 누리신지요

모처럼 생각나서 필 들고 안부소식
올리려 떠올라서 뵈오니 민망함이
눈물이 앞을 가리니 뵙고 싶은 꿈길뿐.

최승희 대위님

꼭 한번 뵙고 싶은 욕망이 앞섭니다
지난날 군대생활 하면서 내게 남긴
못 잊을 것 남아 있어 잊지를 못한 점

늘 항시 눈앞에서 그때의 그 시절이
대위님 그 얼굴이 잠 길에 떠오르곤
잊을 수 없는 모습이 눈앞 아른거린 부관

인생하처 불상봉 이란 지울 수 없고
지난날 행동했던 악정이 또렷 남아
꼭 한번 뵙기를 원한 서무계 최병장이.

내 사랑아
— 노래시

외로운 거리에서 외로운 거리에서
울리고 떠나가던 그 모습 그 옛날이
나 그대 이야기 그 모습 가로등불 아래
내 어이 잊지를 못 하는 내 사랑아
밤도 깊은 네거리에서 울며 떠나가던
그 모습 아련하게 지울 때까지

그립다 생각 말라 그립다 생각 말라
돌아선 그 모습이 돌아선 그 모습이
날 울리고 떠나가던 울리고 떠나가던
내 어이 잊을 수 있나요 내 사랑아
밤이 깊은 네거리에서 울며 이야기는
그 정을 아로새겨 지울 수 없네

만나보고 싶어

— 노래시

보고 싶다 보고 싶어 노래 불러요
사랑은 가고 없는 그대 생각 노래 불러요
아무리 헤어졌지만 사랑했던 까닭에
정주고 떠난 사랑 정주고 떠난 사랑
아무리 생각해도 아무리 애원해도
지울 수도 없는 이 마음 어이할거나.

만나보고 싶다 만나보고 싶어요
사랑은 가고 없는 그대 여보 노래 불러요
불러본 나의 노래가 사랑했던 까닭에
정주고 떠난 사랑 정주고 떠난 사랑
아무리 사정해도 아무리 달래 봐도
잊을 수도 없어 이 마음 어이할까요.

대한민국 상징한

뛰어난 붉은 무늬 흰 미색 줄지어서
작가가 그 향마저 그려내면 더 좋을 걸
마음과 뜻대로 안된 부정만 이해 바래요

세월의 칠월이면 곱다시 자랑할 꽃
그림은 그려내도 향 내음 못 그린 학산
그래도 세계인들이 좋아하는 탐을 낸 꽃

그 이름 아름다운 천하 중 고운 이름
만 건 곤 세상 오랜 미색 옷 곱게 입은
이 세상 대한민국을 상징 자랑할 무궁화.

무궁화

— 나라 지도 상징 무궁화꽃

나라를 상징하는 이름도 무궁화여
무늬도 아름답고 찬란한 홍백색의
바닷가 갓돌 선에다 우량종 심은 지도

예의와 법도 지킨 한국 얼 깨끗하니
"세계화" 다문화와 정 나눠 살아가는
대한의 방방곡곡 진주같이 심은 꽃

미래의 초석 되어 상징할 무궁화꽃
새롭게 우리 삶의 고귀한 꽃옷 입혀
무궁화 지도삼천리 대한 아름 타 지도여.

제2부

단시조

대한영토

산은 물 건너지를 못함이 원칙이요
물은 산 넘지 못한 외로운 대한영토
그 중에 백두대간 맥 울릉도 독도 대마도.

대마도

작가는 대한민국 독도와 대마도를
어릴 때 우리나라 조선 땅 불러왔고
죄지은 사람 귀향지 고초 받은 한국 땅.

새벽녘

새벽녘 보성강 짙은 안개 잠겨있고
높 낮은 푸른 솔엔 꽉차있는 수증기로
깊은 못 대나무 열에 열린 자연노래 소리.

파도소리

세월의 풍파에 반들반들 다듬어진
조약돌 읊조리는 파도소리 아름다워
연년이 연달아가는 조약돌의 청음소리.

물 흐른 소리

만고의 번영이란 산 그림 속에 있어
학산의 시맥들은 물 흐른 소리 줍는
때때로 흥이 나면은 붓 들고 써보는 시조.

내 고향 시령(詩令)*

명산에 쌓여있는 근본의 시료(詩料)* 있어
아득한 풍월 있는 소나무 푸른 거석리(擧石理)
내 고향 시흥 달래는 오늘도 생각 젖느니.

* 시령 : 시를 짓자는 약속
* 시료 : 시의 재료(poetic data).

시문(詩文)

언어란 변하지도 아니한 우리생활
꽃피운 방방곡곡 시문을 써 놓은 분
큰 업적 남긴 선구자 몇 분이나 될까요?

번영 보성(寶城) 명산

내 고향 보성 위해 봉화산 기도올린
산 높아 보성명산 번영의 기를 받은
세상에 남겨 보고픈 학산의 풍월 시조를.

십팔 세 혈서 지원

나이도 어린애가 무명지 깨물고서
홀어미 품안에서 자라던 탯자리와
부모님 말 못하고서 학산, 해출 발자취.

타향살이 서울 행

부친을 일찍 잃은 막둥이 학산의 길
홀어미 품안에서 자라던 탯자리와
군복무 삼십구 개월 화랑부대 마친 후엔.

나는 청춘이리

천추의 시인들은 모두 다 흙에 묻혀
학산은 유유군말 안하며 시를 쓰되
내 일찍 백발 되어도 지금 나는 청춘이리.

말없이 살아가고

한세상 유유하게 말없이 살아가고
지는 꽃 슬퍼하며 낙엽은 울지 않는
겨울의 추위 속에서 바람에 뒹굴어가네.

부모 생각

벽옥산 머리위엔 저녁달 밝디밝게
비치고 있는 모습 그 빛을 보면서도
가고픈 고향 눈앞에 두고 부모 생각 젖네.

삶의 파노라마

한가한 시간의 날 있으면 소담하며
지난날 즐거웠던 추억의 정감 논한
꿈으로 꽃피워보는 인생 삶의 파노라마.

인생의 욕심

바다는 메울 수가 있어도 사람들의
성질은 막을 수가 없다는 속담에도
나오는 말이 있는 것 인생 욕심 못 채운다.

보름 배앓이

시골의 사람 중 서울사람 못 속이면
보름을 배앓이를 앓는다 그건 진담
겪어본 사람 외에는 모두 다들 속기 마련.

순간적인 한 때

사람은 순간적인 한 때일 지나가면
되돌아오지 않는 것이란 진심이요
그 한 때 지나가면은 돌이켜 볼일 아니다.

부귀와 영화

사람이 여름불도 쬐다가 돌아서면
어쩐지 섭섭한 맘 생기기 마련이다
부귀와 영화 속에서 지내다 뒤돌아보니.

한평생 남긴

인간의 만사마다 수시로 변하기에
한평생 남긴 행적 한가한 날이 적고
내 마음 근심걱정을 산새만이 알아주리.

소나무 푸른 거석(擧石)

명산에 쌓여있는 근본의 시흥 있어
아득한 풍월 있는 소나무 푸른 거석
내 고향 시름 달래볼 오늘도 생각 젓느니.

거석리 집터

깨끗한 보성전야 이름에 보석 빛나
이 못난 학산 거목 거석리 집터 명당
선조의 얼 받아 왔던 덕목 갑부(甲富)로 살아왔죠.

못 잊을 고향

부친을 일찍 사별 막둥이 학산의 길
어머님 덕목 아래 커 왔던 인생살이
타향에 기거하면서 못 잊을 고향산천.

崔 瑩
최영 장군

고려 말 최영 장군 삼십이 우왕 근무
명나라 치기 위해 군대를 일으켰으나
이성계 정권 잡으려 최영 장군 사형 당함.

최영 장군 후계 손

십대손 찰방공파 최장군님 뒤이어
후손인 이십삼대 손 학산 시조시인
길을 건 가문혈통을 고수 빛내고 있네요.

옥구슬 켜내는

벽옥산 용 모습 산 아래서 태어난 몸
문장의 순수함을 추스른 맘속에는
학산의 살았던 집터 옥구슬 켜내는 마음.

한국 갓변 꽃

대한(大韓) 삶 바꿔 보려 학산의 욕심이요
새 세상 한국 갓변 무궁화 꽃 울타리
특종의 꽃 지도 심어 아름다운 상징 나라.

이방인 뷰티풀

대한 땅 경계선에 좋은 품종 무궁화
심어서 칠월부터 꽃피면 화려강산 돼
이방인 구경 오시면 난발할 뷰티풀.

한국의 기관(奇觀)*

세계화 만방인들 한국얼 놀랄 것을
작가의 소원이요 확 바꾼 대한민국
오대양 육대주사람 우리의 기관이라.

* 기관 : 기이하고 볼 만한 경치가 되다.

홍등가 유녀

봄날이 오는 날에 꽃피기 좋아하고
봄비가 온 날들을 기대한 꽃피기를
애태운 화류춘몽의 기생 홍등가 유녀들.

흘러간 옛 노래

노래를 부르고자 뒷동산 올라보니
뒷동산 바위 위에 앉아서 하모니카
소리로 흘러간 노래 신나게 즐겨 불렀느니.

열전 일기

인간은 언어로써 옛날의 열전일기
기록한 분들마저 헤아릴 수도 없건만
기행록 남긴 분들도 견문을 바로 써왔지.

선비의 시조

언어란 변하지도 아니한 우리 생활
꽃피워 살아오신 선비의 시조 남긴
업적을 남긴 선구자 몇 명이나 될까요?

보성군 똘마니

세월을 따라가는 인생길 묻혀가는
친구도 어르신도 말없이 가는고야
똘마니 이내마음도 고향길이 가깝네.

세상은 창창한데

초조한 마음속에 참으로 꿈 아닌지
세상은 창창한데 그 누가 하늘 물까
술 청해 물어 보노니 나는 모른다하네.

새벽 꿈길이

나그네 봄의 회포 더욱더 즐거웁네
창밖에 산비둘기 즐겁게 노래하니
오늘의 새벽 꿈길이 즐거운 행운이로고.

무궁화 형상(形狀)

저녁이 지나도록 온종일 곱게 피어
있어서 아름답게 보이니 한국 꽃 넋
빛나는 저력 무궁화 형상 맘껏 취해보세.

세월의 주마등

인생의 그 자취는 어디에 머물었나
먼 훗날 즐거웠던 내 생애 주마등의
일장의 설화 얘기를 회상하며 즐겨보자.

먼저 간 사랑

세월이 흘러가니 나 또한 가는고야
먼저 간 그 사랑은 지하가 편안한지
해와 달 말없는 세상 왜 그리 무심할꼬.

보성을 사랑하며

뫼들의 풍월 있어 소나무 무성하고
보성을 사랑하며 벽옥 학 태어났고
벼슬은 없어 나, 어린 십팔 세 혈서지원.

나 한 사람

만석군 부럽지도 않는 나 한 사람은
장차에 각 나라의 다투어 전할 만한
물소리 새소리 바람 세속의 시 지으리.

계묘년 주름 받고

임인년 서운하게 보내는 아쉬움에
접어진 주름나이 꿈속에 사거(辭去)*로이
사라진 계묘년 세월 기품(氣品)의 활력주리라.

* 사거 : 작별하고 떠나감.

가정의 행복

정답게 모여앉아 웃고 산 세상이요
의협심 베풀면서 살아간 인생길은
달갑게* 보는 보람의 즐거움 함께 보내죠.

* 달갑다 : 마음에 들어 만족스럽다.

우주강국

아국은 우리 강국 도약 찬 시조선물
좋은 글 쓴다한들 깊은 맘 흩어지고
우주에 최상 남길 말 바람결에 숨어가지.

인생사 남겨둘 꿈

神 助
인생선 마지막을 살아온 나의 신조*
웃으며 즐겼던 일 마음속 품어 놓은
즐겁게 겪은 인생사 이야기의 로맨스여.

* 신조 : 신령의 도움.

천조의 비밀

온 세상 밤이 오면 마음이 포근하고
은하수 별빛 함께 온 천하 밝혀주는
천조의 천기 비밀을 아는 이 얼마나 되나.

허무한 하루

인생론 쓰고 싶어 필을 든 나로 하여
세상의 모든 일이 어수선한 하루 가고
살아도 사는 재미는 물거품이 되어간다.

사나이 결심

사나이 가는 길에 웃음만 있을쏘냐
결심과 나라 위한 폭풍을 헤쳐가며
겨울의 벌판 눈 위에 학산 발자국 남기리.

헤어진 세월 세며

참 오래된 세월을 셀 수가 아련함에
꼭 한번 만나보고 싶은 사람 나그네요
미울 줄 알고 무거운 필지에다 인사드림.

보고 싶은 첫사랑

까맣게 나를 잊은 그대는 지금 어데
있는 곳 알 수 없어 애태운 나날들을
보내는 나의 심정을 그대는 알고 있는지.

만나고 싶은 얼굴

옛날을 들춰보는 나그네 인생 학산
누나와 인연 깊은 못난이 인생바보
이름은 길생 선생님 기억은 새록새록.

지난 얘기

그대는 날 찾지를 말아요 좋아할 땐
언제고 지금에 와 변했던 옛날들을
들추어 옛날 모습을 슬픔의 지난 얘기를.

얼마나 울었는지

셀 수가 없는 울음 인생은 나그네로
변하여 팔도상산 임 찾아 아무것도
없는 몸 뉘 찾아가야 한 끼의 밥 먹을까요.

부친이 돌아가신 해

부친님 돌아가신 이 해의 팔월십오 일
광복절 맞이하여 동네의 어귀마다
태극기 물결 그려서 대한민국만세 불러.

죽느냐 사느냐

인생의 이 종말을 마감할 생각으로
이 빈 몸 돈 한 푼도 없으며 생과 사의
두 갈래 길 중 택하다 인쇄소 팽개치고.

사랑이 뭐길래

길에서 들에서도 정순덕 찾았던 나
그 당시 돈과 재산 모든 것 팽개치고
죽음과 삶의 길 택한 혼수의 상태 길을.

죽을 각오로 빈털터리

돈 한 잎 없이 떠난 나그네 거목이라
그날 밤 거적 없이 골목길 지난 사람
발길질 차고 가는 이 있었지만 눈물만.

거적도 없는 채로

이제는 인생종말 발길 채인 거지로
내 사랑 떠나버린 길거리 나그네로
부잣집 막내가 길 나그네 신세로.

그래도 감사해

울면서 헤어지던 비참한 나의 발길
마지막 사랑으로 버선발 사주면서
그래도 감사해 잘 가! 마지막 인사였어.

얼마나 서운했나

피눈물 사랑가고 나 혼자 울던 길이
피눈물로 맨땅위에 순덕아 순덕아
불러봐도 답 없고 지나는 사람 발길만.

이제 하소연도 멀고

몇 날을 굶었는지 눈만이 뻔해지고
오일 동안 굶주리다 발길 챈 나그네
그래도 좋아 땅에서 밥 굶주린 바보.

순덕이 친구라고

찾아온 여자여자 순덕이 친구라고
몇 번을 불렀는지 대답을 못하고서
있노니 순덕친구요 귀에 들릴 듯 말 듯해.

아저씨 나요!

머라고 찾아왔소 가세요 그만 가요
들어가 날 좀 보면 안 되나요 아저씨
그러면 들어오세요 무엇 때문 뉘신데요.

다음 날 와서는

혼자는 못 살아요 중신해 주려고요
왔어요 이, 저, 사람을 대며 물으니
참된 말 나옵니까요? 그만 그만 두세요 네.

다음 날 뉘 또 와서

한단 말 좋은 여자 얼굴보고 하시며
이 사람 저 사람을 말하며 또 이 사람
내 마음 흔들어 보려 왔나 싶어 눈물 흘려.

원망하던 바보

원망도 부모님과 형님께 해보지도
못하고 한동안은 인간의 파철생활
못 먹고 그대 사랑만 원망하던 바보였죠.

늠름한 국력심을

늠름한 자세 길러 몸 단련 대한건아
다진 몸 국태민안 중추적 거울삼아
나라를 위한 번영의 국력심을 튼튼하게.

보성의 유여지

자연의 미풍 속에 보성의 녹차유여지
회촌의 바닷바람 은유한 공기바람
미모의 선남선녀들 맵시 고운 보성유여지.

노동면 소고

사시의 정기 품은 뜰 드렁 산맥허리
혈맥은 학의 형상 휘영청 백옥산아
좌혈은 우청룡 좌청 금성산 내려다보여.

현인의 기침소리

묻혀온 고래역사 풍등한 옥토들판
명산과 어우러져 보성강 이뤄진 고향
소리꾼 구성진 풍류 현인의 기침소리여.

월령가 육자배기

흥겨운 고풍일단 구성진 자진가락
메나리 월령가에 짜배기 마음자리
월령가 육자배기와 다듬잇음 고풍일단.

飛雁含盧
비안함노

한가위 불꽃놀이 치렁한 댕기머리
가인의 강강술래 못 잊은 산가야창
그 뉘가 저력의 긍지 비안함노라 했던고.

순덕씨 어디 있노

보고도 싶다하고 몇 천 번 전파해도
무소식이 희소식 내 눈과 귀만 아파
무정의 세월 속에서 혼자 살고 세월 보내.

그 많은 세월

눈물이 고여 있어 도람 통 가득 찼어
언제나 와서 보고 갈 건지 소식 없는
서울의 사는 세월이 너무나 외로워요.

양귀비꽃

강물은 흘러가면 다시는 돌아오지
않는데 꽃은 한번 또다시 피는데도
한번 간 양귀비꽃을 뉘가 다시 피게 할꼬.

벽옥산

벽옥산 높이마저 일천 길 넘는데도
어릴 적 이 산길을 오르고 내려오던
옛날이 늘 그립기만 하는 고향 잊지 못하리.

현인들 모인 자리

현인들 모인 자리 무릎의 장단 맞춰
한 자락 고시조를 읊는데 기가 차고
내도야 한자리 불러 아낙들을 울렸느니.

저 소리

옥돌을 굴리듯이 시조를 읊은 소리
태극기 건감곤리 휘영청 날아오듯
바람에 펄럭인 소리 하늘을 찌르듯 하네.

늦가을 해

늦비가 부슬부슬 내리는 해넘이에
서쪽의 하늘가는 불덩이 탄 덩어리
늦가을 울부짖는지 불덩이로 타 숨는다.

이별

이별은 서러운데 서글픈 눈물 돌아
덧없는 인생이라 바람결 훔쳐 가니
나그네 신세 피곤한 이별눈물 흐르지고.

설화 공주

늦겨울 소나무에 곡조를 타는 소리
휘파람 소리에서 흰눈이 내린 오후
백설의 설화 공주가 지향 없이 내린 밤아.

봄이 오니

산 경치 발아래로 푸르게 들어오고
밝은 달빛은 창문 문풍지 밝게 비춰
쓸쓸한 마음속으로 백발을 울려주네.

고니

하늘을 바라보니 날아간 기러기가
팔자 형 그리면서 가는데 뒤떨어진
고니는 일자형으로 그리며 덧없이 가네요.

어느 선비

선비가 뒤늦게야 이끼 낀 돌 위에다
자기의 호와 이름 어찌 썼으니 어찌 그를
시라고 보고 읽고서 누구라고 전하리요.

나누던 정

옛정이 살아있어 나눈 정 그대로이
간직한 삶의 터전 인정도 다스워서
이렇게 좋은 세상이 어디에 있을손가.

목련화

목련화 곱디고운 꽃으로 웃어 보인
내 심장 자리 잡고 포근히 파고드니
찬란한 이 세상의 "정" 선물로 바치지요.

해당화

해당화 웃어 보인 내 심전 자리 잡고
포근한 찰나의 꿈 큰 선물 아름다움
그 애정! 사랑합니다! 심장 속 간직하리라.

애정산맥

하늘이 도와주신 그 애정 큰 선물을
내게로 보내주신 마음씨 즐겨 받는
이 심사 고이 간직한 영원한 불멸의 사랑.

할미꽃

지돌이 방에 숨어 봄이 왔다 웃으며
입 벌린 모습으로 노랑 니 웃으면서
할아범 마중 나와서 금니 자랑 노랑꽃.

암 첫째는

첫째의 주의점은 생활을 규칙 활동
특히 물 많이 섭취 부부싸움 피하고
벌꿀은 암에 최고요 금물은 스트레스.

암 둘째는

생활은 규칙적인 과도한 문제이다
무어든 믹서로 갈아서 먹도록 함
한라봉 개쑥녹즙과 수세미와 견과류를.

스트레스

우울증 피하고서 마음을 즐기면서
즐거운 노래하고 고민을 하지 말며
늘 항상 스트레스를 피하는 마음가짐을.

헤어진 후 중매

만사의 중매사연 낱낱이 말씀드릴
얘기를 가탄 없이 말씀을 올리옵고
온 식구 뵙고자하여 무거운 필 씁니다.

제3부

한문 시조

故鄕

千古繁榮山影中　천고번영산영중
鶴山詩脈水聲流　학산시맥수성유
爲因詩興時揮筆　위인시흥시휘필
殘骸猶滯海東隈　잔골유체해동외

燦爛霜季碧玉山　찬란상계벽옥산
根纔取來名山有　근적취래명산유
遼南華鶴是君家　요남화학시군가
先祖恁來思渺然　선조임래사묘연

山高風月滄擧松　산고풍월창거송
坐誦桃花灼灼紅　좌송도화작작홍
爲惠寶城出碧鶴　위혜보성출벽학
布衣惟有經邦志　포의유유경방지

不羨我人萬石君　불이아인만석군
將垂永世可傳名　장수영세가전명

천고의 번영은 산그림자 속에 있었으니
학산의 시맥은 물 흘러간 소리에서 줍는 것이요
시흥으로 인하여 때로는 붓을 휘둘러보기도 하고
시름을 달래 보고자 자주 술잔을 늘 잡느니라.

찬란한 계절경치가 아름다운 벽옥산이요
근본을 높이 쌓아오던 명산이 있는 곳
아득한 남쪽 빛나는 그대 학산의 집이 있었던가?
선조와 같이 살아왔기에 생각이 멀고도 아득하네!

산이 높아 풍월 있어 소나무 푸르른 거석리
앉아서 복숭아꽃 피어서 붉었음을 외우네
우리보성 사람을 위해 벽옥 학이 태어났고
오직 벼슬은 없어도 나라를 위해 뜻 있는 사람.

나 한 사람은 만석군이 부럽지 않으리라
장차 오래도록 전해질만한 이름 남기려 하고자

瀝瀝鳥聽詩歲作　역력조청시세작
名在千秋竹帛功　명재천추죽백공

碧玉脈走蝹蜿如　백옥맥주운완여
名家門內大物出　명가문내대물출
文字潭潭多吉情　문자담담다길정
鞭搖京去馬送我　편요경거마송아

全大何年路始通　전대하년로시통
半空鳥道連雲棧　반공조도연운잔
世化五洋六洲通　세화오양육주통
鶴巨開辟爹文居　학거개벽다문거

當時宣布世界化　당시선포세계화
各國爭先仰惠顔　각국쟁선앙혜안
美哉功績憑誰問　미재공적빙수문
鶴頭語覺先驅者　학두어각선구자

물소리 바람소리 새소리 세속의 시를 지었기에
이름 천추의 역사기록 전해질 만한 공로자이기에

벽옥산 준령은 용같이 꿈틀꿈틀 달리고
명문가문 내에서 큰 인물이 나왔기에는
문장 품격은 순순히 옛 정취가 짙어있어
채찍질해 서울로 나를 말을 태워 보내네.

大韓은 온 나라 땅을 어느 해에 비로소 길을 통했나!
나는 새만 갈 수 있는 길은 공중구름 사다리 연하였고
세계화의 오대양과 육대주의 천하를 통일한 것은
학산 거목이 벽 허물고 이룬 다문화로 같이 살아가고자 했네.

그때 전세계화를 허물어 선포했음에 미치니
각 나라 앞다퉈 은혜로운 얼굴로 우러러 보았기에
아름다운 착한 공적 누구와 의지력이었을까?
학산의 머리로 깨달아 써놓은 글씨의 선구자이여라.

千年歲月一日如　천년세월일일여
夢時悠悠雲共浮　몽시유유운공부
萬祝皇靈拜曉頭　만축황영배효두
何關乘鶴上寶城　하관승학비보성

鶴世賢慮衒詩脈　학세현려현시맥
五大六大洲一家　오대육대주일가
煌煌績偉眞驚世　황황위적진경세
膾炙*名聲萬歲傳　회자명성만세전

* 膾炙(회자) : 널리 사람의 입으로 퍼지어 입으로 오르내림.

천년의 세월이란 하루와 같은 것처럼
꿈에 뜬 시가 멀고 먼 구름 위에 뜬
만 번이나 황영에게 빌며 절하는 새벽에
어째서 학을 타고 보성에 올라가라 탓을 하오!

학산이 세계화의 시맥을 지어 자랑한 것이요
오대양 육대주와 담을 허물어 한 집안으로 일궜으니
빛나는 위업이 참으로 온 세상이 놀랄 일이었지요
그 명성이 회자되어서 영원한 만세에 전하여 주옵소서

故鄕의 꽃을 생각하며

巡視故鄕六十年　순시고향오십년
變靑山川聲依舊　변청산천성의구
往年故友今何在　왕년고우금하재
相見難知已老顔　상견난지기노안

靑靑楊柳此景閑　청청양유차경안
淸風駕鶴山楚入　청풍가학산초입
厭厭無歸於斯榻　염염무귀어사탑
祥修人作七言城　상수인작칠언성

君看壁上梅花揷　군간벽상매화삽
歲歲春色爲誰來　세세춘색위수래
碧玉山水碧如天　벽옥산수벽여천
燈審雲居女衣坐　등심운거여의좌

梅花初發朝晏暉　매화초발조안휘
玉樹彩終夜月明　옥수채종야월명

고향 땅을 육십여 년 만에 돌아와서 보노니
청산도 변함없고 냇물소리도 여전하구려!
왕년시절 고향친구들 지금 어디에 있는고
서로가 알기 어렵게 이미 노안이 되었네그려.

푸르고 푸르른 버들의 경치가 좋기만 하는데
맑은 바람 이뤄 학산이 처음 와서 보노니
편안하게 돌아갈 곳 없어 이곳 머물러 있으면서
상서로움을 닦는 사람 따라 칠언시를 지어보려 하네.

그대 벽 위에 매화꽃이 꽂혀있는 것을 보면서
해마다 늘 봄빛이 누구를 위하여 오느뇨!
벽옥산 물의 푸르름이 하늘의 빛과 같으며
호롱빛 방안에 여인이 옷을 벗고 앉아있네

매화꽃이 처음 피니 고운 아침이 빛나고
좋은 나무는 아름다워 밤 달마저도 밝구나

香風時人女琅盃　향풍시인여랑배
一杯一杯又有復　일배일배우유복

人間那有捕風力　인간나유포풍력
千載寶城春草多　천재보성춘초다
一生何爲落花啼　일생하위낙화제
只有山禽解我心　지유산금해아심

傳來此古地賢居　전래차고지현거
去看來看却有情　거간래간각유정
不見靑蓮數千年　불견청련수천년
人情不變皆依舊　인정불변개의구

千秋詩骨皆爲土　천추시골개위토
我憎白髮爾靑春　아증백발이청춘
世上悠悠安足論　세상유유안족론
悠悠浮世無知己　유유부세무지기

향기로운 바람마저 때때로 아가씨 술잔에 스며드니
한잔 술잔을 또 정다웁게 들고 들었느니

인간이 어찌 바람을 잡는 힘이 있으리요!
천년이 넘도록 보성에는 봄풀이 무성한데
뜬세상의 이 흥취를 아는 사람 누가 어디 있나요
다만 저 산새만이 내 마음을 알아주겠으리라.

전해온 이 땅에 어진이가 살았다 하오니
가면서 보고 오면서 봐도 문득 정이 들었는데
이태백이 못 본 지 수천 년답게 되었으니
인정은 변치 않고 예전과 지금까지도 같구려.

천추의 시인들은 모두 흙에 묻혔으니
내 일찍이 백발일 때 나는 청춘이려니
한세상 유유히 군말 없이 살아가고 있는 걸
지는 꽃은 슬퍼하며 낙엽만은 왜 울지 않느뇨!

한바탕 꿈을 꾸며

夢憶鄕山長入句　몽억향산장입구
碧山松淸風香寒　벽산송청풍향한
碧玉山頭夜月明　벽옥산두야월명
看夜日日不歸故　간야왈일불귀고

晨盡殘更眠不得　신진잔경면불득
日暖風和一日終　일난풍화일일종
平生謬算百無成　평생류산백무성
日久月深鳥鳴僖　일구월심조명희

故山歸夢輕千里　고향귀몽경천리
三五夜中新月色　삼오야중신월색
月明蘆荻傳枯響　월명노적전고향
時有沙禽過別洲　시유사수과별주

꿈이 고향산천을 그리워함에 길이 글귀로 들어오며
벽옥산에서 소나무의 맑은 향이 찬바람에 불어오고
산머리 위엔 저녁달만이 밝디밝게 비쳐주고 있으니
날마다 그 빛을 보면서도 고향에 돌아가지 않고 있네.

새벽녘이 다되도록 잠을 이루지를 못하고서
날씨가 따뜻하고 바람마저 온종일 부드러웠으나
한평생의 남긴 행적에는 한가한 날이 적었고
낮과 달이 깊어가도록 새들만이 노래하고 있네.

고향으로 돌아가고픈 꿈은 천리라도 가볍고
한가위 보름달이 솟아 아름다우니
달이 갈대밭에 밝게 비쳐 마른 소리를 내는데
마침 모래밭에 새가 있어 이별의 물가를 지나누나.

대망의 꿈속에서

齒髮明朝九十世　치발명조구십세
久滯他鄕白盡頭　구체타향백진두
夢賞悠悠雲共浮　몽상유유운공부
乍可狂歌藏酒肆　사가광가장주사

旅懷何處不厖涼　여회하처불방양
不知今復幾多年　불지금복기다년
詩當選作字字珍　시당선작자자진
强酒爲難廢酒難　강주위난폐주난

晨盡殘更眠不得　신진잔경면불득
崔嵬氣像仰難儔　최외기상앙난주
二月江南花滿枝　이월강남화만지
他鄕寒食遠堪悲　타향한식원감비

寶城風景朗吟間　보성풍경랑음간
賢仍善述箕裘業　현잉선술기구업

백발의 나이가 내일 아침이면 구십 세이라
오랫동안 타향에서 지내노라니 희어지는 것은 백발뿐이요
꿈에 본 상(賞)복은 멀고멀어 구름 위에 뜬 모습이라서
술에 취해 난간에 의지하니 날씨는 맑게 개어 상쾌하구려.

세상만사 내 꿀꿀한 마음대로 안 되느니
나그네 회포는 어느 곳에서 처량하지 아니하랴
시는 당선작시의 경지에 이르는 듯 글자마다 보배이요
술을 억지로 마시기도 어렵고 자주 끊어버리기도 어렵네.

새벽녘이 다 되도록 잠을 이루지를 못하고서
높은 기상 견줄 사람 없이 쳐다보이고
이월이면 강남에서는 가지마다 꽃이 피는데
타향에서 한식을 맞는 몸 고향생각 간절하구려.

보성의 풍경 글 읊는 사이에 떠오른 것은
어진 자손은 부모의 가업을 착하게 이어받아서

報本精誠永世傳　보본정성영세전
閑聽村籬報午鷄　한청촌리보오계

詩家從此盡春聲　시가종차진춘성
玉樹彩終夜月明　옥수채종야월명
佳人何處蕩春情　가인하처탕춘정
羞見諸郎問夜還　수견제랑문야환

彬彬時文萬邦邊　빈빈시문만방변
組崇精神如是壯　조숭정신여시장
大韓文化開明地　대한문화개명지
千秋迎族敍情筵　천추영족서정연

逢君不易別君難　봉군불역별군난
詩仙已去空留句　시선이거공류구
不賞功成恥咤間　불상공성치타간
金章猶擁舊浮名　금장유옹구부명

조상의 뿌리를 잊지 않는 정성으로 영원히 전하여 가고
한가로운 촌마을 울타리의 낮에 우는 닭소리만 들려오네.

시인들 이제부터 봄소식을 읊겠네
좋은 나무 아름다워 밤 달마저 밝구나
아름다운 여인은 어데 가서 춘정을 푸는고
젊은이들에게 밤에 돌아오느냐 묻기를 부끄럽게 여기네.

온 세계까지 만방의 시문이 빛나리라
조상 숭배하는 정신도 이와 같이 장함이라
대한의 문화 처음 시작하여 밝게 한 땅이요
천년이상의 종족이 함께 정을 펴온 곳일세.

그대들은 만나기 쉽지 않았지만 또한 이별하기도 어렵고
시선들은 이미 가버렸는데 헛되이 글귀만 머물러 있으니
글을 읊으며 난간에 의지함에 예전의 풍류를 생각게 하니
황금의 문장은 오히려 예전에 떠있는 이름을 품었네그려.

羈緖紛紛時仗酒　기서분분시장주
鄕心杳杳夜忘眠　향심묘묘야망민
寶城愁望五雲邊　보성수망오운변
送盡天涯馬一月　송진천애마일월

黃金千兩未爲貴　황금천량미위귀
得人一語勝千金　득인일어승천금
在家不會邀賓客　재가불회요빈객
出外方知少主人　출외방지소주인

花縣風流直到今　화현풍류직도금
君詩枯淡尊丙辰　군시고담존병진
一盃且進莫停手　일배차진막정수
明日關山行路難　명일관산행로난

나그네 정서에 시달려 때때로 술에 의지하고
고향 생각 간절하여 밤에도 잠을 못 이뤄 가며
보성에 근심어린 오색구름을 멀리서 바라보았으며
타향살이 신세는 말 위에서 한 달을 다 보냈네.

황금 천량의 돈이 귀하지 아니할 것이요
사람의 좋은 말 한 마디를 얻는 말은 돈보다 나으리요
집에 있어서 손님을 맞아 모실 줄 모르면
다른 집에 손님으로 가 보아야 이제 주인 적은 줄을 알지니라.

빛나는 고을의 풍류가 바로 오늘에 이르렀으니
그대의 시가 고담하여 병진시인을 존중하며
한잔 술을 권하노니 거절 말고 손에 받아요 하노니
내일 나그네 길을 떠나기도 어려우리라.

꿈속의 희롱

晨盡殘更眠不得　신진잔경면불득
客路蒼茫歲暮天　객로창망세모천
故山歸夢輕千里　고향귀몽경천리
日久月深鳥鳴僖　일구월심조명희

繪花者不能繪其香　회화자불능회기향
繪雪者不能繪其淸　회설자불능회기청
繪月者不能繪其明　회월자불능회기명
繪泉者不能繪其聲　회천자불능회기성
繪人者不能繪其情　회인자불능회기정
畵虎畵不皮難畵骨　화호화불피난화골
知人知不面不知心　지인지불면불지심

새벽녘이 다 되도록 잠을 이루지를 못하고서
나그네 길 멀고 아득한데 한 해 또 한 해가 저물어가니
고향으로 돌아가고픈 꿈은 천리라도 가볍고
낮과 달이 깊어가도록 새들도 물어가니 노래하고 있네.

꽃은 그려도 꽃의 향기는 그릴 수 없고
눈(雪)은 그려도 눈의 마음을 그릴 수 없고
달은 그려도 달의 밝음을 그릴 수 없고
샘을 그려도 그 물소리는 그릴 수 없고
사람은 그려도 그 인정은 그릴 수 없고
범을 그리되 모양은 그릴 수 있으나 뼈는 그리기 어려울 것이요
사람을 알되 얼굴도 알지만 마음은 알지를 못 하느니라.

六言絕句(希望)

盡人事待天命　진인사대천망
大志者不棄望　대지자불기망

최선을 다하고 하늘의 뜻을 기다리며
큰 뜻을 품은 사람은 희망을 버리지 않는다.

언젠가 있었던 일

興來頻把酒　흥래빈파주
佳處幾揮詩　가처기휘시
吾於坦腹友　오어탄복우
和淚寫哀詩　화누사애시

흥이 이르니 자주 술잔을 잡고
아름다운 곳에서 몇 번이나 시를 썼던고
내가 탄복을 한 친구에게
눈물로 화합하여 슬픈 시를 쓰노라.

五言絕句

木從繩則直　목종승칙직
人受諫則聖　인수간칙성

中身成相業　중신성상업
治平天未欲　치평천미욕

平生經濟志　평생경제지
今日賱富國　금일운부국

賢婦和六親　현부화육친
佞婦破六親　녕부파육친

나무가 먹줄을 좇으면 곧고 남들이 말하여
주는 자기 잘못을 고치면 거룩하게 되느니라.

한결같은 덕행은 국풍을 이뤘으니
국가평치천하를 하늘이 어찌 말리느냐.

평생의 품은 나라 경제의 뜻은
오늘날에 넉넉하게 부강한 나라로 되었네.

어진 부인은 육친을 화목하게 하고
아첨하는 부인은 육친의 화목을 깨트리니라.

내가 겪어온 시

人生孰不死　인생숙불사
力學功名晩　력학공명만
賦命子偏奇　부명자편기

誰知偕老約　유지해노약
飜作未亡憂　번작미망우
二女有慑心　이녀유섭심
遐算仁方驗　하산인방험

早赴探春約　조월탐춘약
山花莫後殘　산화막후잔
松月待人還　송월대인환

詩憐千首艶　시련천수염
契合同輸肺　계합동수폐
君會値數奇　군회치수기
心親兩去皮　심친양거피

받은 수명이 그대는 지나치게 기구하였구나!
학문을 힘쓰다가 공명이 늦었고
몸을 돌보았으나 질병이 따랐네.

누가 기리해로 하자는 언약을 알았으리요
번거롭게 같이 죽지 못한 근심이 되었구료
서운 섭섭한 것은 두 여식만 있으니 마음은
창창한 앞날에 어짐을 바야흐로 경험하였고.

일찍이 봄 경치를 찾을 약속을 따랐으니
산 꽃은 후일에도 시들지 말라.
소나무와 달은 사람이 돌아옴을 기다리는구나

시는 일천수의 고운 것이 부럽고
글로 합하매 한결같이 호흡도 맞으니
그대는 일찍이 몇 차례의 운수를 맞기에
마음이 통하여 두 사람의 거리감이 없네.

盛年不中來　성년불중래
一日難再晨　일일난재신
及時當勉勵　급시당면려
歲月不待人　세월부대인

明天會更好　명천회경호
一切唯心造　일체유심조
人隨時易老　인수시역노
愁逐病俱深　수축병구심

吾生今已老　오생금기노
無復少年行　무복소년행
千秋如一日　천추여일일
追遠意何敦　추원의하돈

新詩光萬丈　신시광만장
一讀眼雙明　일독안쌍명

젊음은 두 번 다시 오지 아니하고
하루에는 새벽녘이 두 번 다시 오지 않으니라
젊었을 때에 당연히 학문에 힘쓰지 않으면 안 되느니
세월은 기다리지 않고 훨훨 흘러 가버리느니라.

내일은 더 좋은 날이 올지니
모든 것은 오직 마음먹기 달려있는 것
사람은 때를 따라 쉽게 늙고
근심은 병을 좇아 함께 깊어지느니라.

이제 나의 인생 이미 늙었으니
다시 소년(젊음)으로 돌아가지 못하리요
천년의 세월이 하루와 같음이라우
먼 옛일을 생각함에 이 뜻을 누가 어찌할 것인고.

새로운 시가 만 길이나 빛나니
한번 읽어봄에 두 눈이 밝아지더라

人生亦如此　인생역여차
何必淚沾衣　하필누첨의

衆鳥同枝宿　중조동지숙
天明各自飛　천명각자비
擧頭望山月　거두망산월
低頭思故鄉　저두사고향

인생이 만남과 헤어짐도 그와 같으니
어찌하다 눈물 흘려 옷깃을 적시느냐?

새들은 같은 나무에서 잠을 자도
날이 밝으면 뿔뿔이 헤어지듯이
눈을 뜨면 먼 산의 달이 바라보이고
훗날에 있어 장차 고향으로 보는 것.

고향생각이 날 뿐일세

凡事留人情　범사유인정
後來好相見　후래호상견
巧者拙之奴　교자졸지노
苦者樂之母　고자락지모

怒甚偏傷氣　노심편상기
思多太損神　사다태손신
神疲心易役　신피심이역
氣弱病相因　기약병상인

勿使悲歡極　물사비환극
當令飮食均　당령음식균
再三防夜醉　재삼방야취
第一戒晨嗔　제일계신진

懼法朝朝樂　구법조조락
欺公日日憂　기공일일우

모든 일에 인자스럽고 따뜻한 정을 주면
오는 훗날에 있어 장차 좋게 서로 보는 것
재주 있는 자는 옹졸한 자의 종이 되고
고생하는 것은 즐거움의 어머니니라.

성내기를 심히 하면 기운이 상하게 될 것이요
생각이 많으면 크게 정신이 상하느니라
정신이 피곤함은 마음을 수고롭게 하기 쉬운 것이요
기운이 약함은 병이 나는 원인이니라.

슬퍼하고 기뻐하는 것에 마음을 다하지 말고
마땅히 음식으로 하여금 고르게 하며
밤에는 절대로 술 취하지 말고
새벽녘에 성내는 것을 첫째로 조심하라.

법을 두려워하면 언제나 두려울 것이요
나라 일을 속이면 날마다 근심이 되느니

凡事留人情　범사류인정
後來好相見　후래호상견

聖學尋遺緖　성학심유서
詩功作大家　시공작대가
博文歸禮約　박문귀래약
離懷君莫問　이회군막문

모든 일에 인자스럽고 따뜻한 정을 두면
후일의 정사에 좋게 서로를 보느니라.

성인이 학문은 끼친 실마리를 찾았고
시의 공로는 대가를 이루었네
넓고 깊은 예약에 들어갔으니
이별의 회포는 그대는 묻지 말라.

요술쟁이시구

路傍逢幻術　노방봉환술
唯把二空節　유파이공절
飜手鳩先出　번수구선출
開巾兎又隨　개건토우수

길가에서 요술쟁이를 만났으니
오직 두 개의 빈 체를 들고 있더라.
손을 뒤집으니 비둘기가 먼저 나오고
두건을 벗음에 토끼가 또 따라 나오네.

四言絕句

大富由天　대부유천

小富由勤　소부유근

부자는 하늘에 말미암고

작은 부자는 부지런한 데에서 말미암느니라.

建康十訓

(1) 少肉多菜(소육다채) 고기보다 채식을 많이 먹어라.

(2) 少酒多果(소유다과) 과음을 피하고 과일을 많이 먹어라.

(3) 少車多步(소차다보) 되도록 차는 피하고 많이 걸어다녀라.

(4) 少慾多施(소욕다시) 과욕을 버리고 덕을 베풀어라.

(5) 少依多浴(소의다욕) 옷은 얇게 입고 목욕을 자주하라.

(6) 少煩多眠(소번다면) 번민은 피하고 잠을 충분히 자라.

(7) 少言多行(소언다행) 말은 적게 하고 행동으로 실천하라.

(8) 少鹽多酢(소염다초) 짠 음식은 건강에 해롭다.

(9) 少食多嚼(소식다작) 과식은 피하고 잘 씹어 먹어라.

(10) 少嘖多笑(소분다소) 흥분을 피하고 언제나 명랑한 마음을 가져라.

부록

鶴山 최윤표(崔銃杓)
걸어온 발자취 연보

全南 靈巖郡 鳩林里를 發足하여 보성(察訪公派)이어온 先祖 崔昕(子) 高麗太師 敏休公 崔知夢 年譜를 이어온 後孫으로 살아오신 春秋戰國時代 學者로부터 崔氏 집안의 知夢께서 誕生 察訪公派의 第11代孫 血을 이은 "崔漢將軍"님과 최昕님을 이어온 뼈대있는 집안으로 엄한 생활하여 오신 분으로 동리에서 알아주시며 일마다 약속의 행한 일 마치시고 집에 돌아오시면 인사는 정확히 올려야합니다.

최씨 집안 察訪公派의 내력을 소개하고자 이해를 구합니다. 너그럽게 이해하시길 빕니다.

그럼 찰방공파 제21代孫 父親任 崔 斗자 淳자와 母親 黃 可자 任께 서사로 맞이하며 손을 잡고 어리광을 한 저를 부친님의 22대손 5남매 중 막둥이로 태어난 저와 문간채 방으로 같이 들어갑니다. 그리고 동리의 가난한 노인아낙네들을 간간이 식사를 대접할 때마다 항시 같이 먹이기도 끝날 날이 없으며 날마다 같이 주무시기도 하시는 집안이요 문간채도 있는 집이었습니다.

부친께서는 언제나 직장인 노동면사무소에 다녀오시는 날이면 날 보듬어 웃으시면서 "오늘 재미있게 엄마 말씀 잘 듣고 놀았니" 하고 묻습니다. 대문에 도착하셔서 막동아 하고 부르시면 난 뛰어가 부친님께 인사드리면 갖가지 과자를 가지고 오셔서 "먹어라"고 하셨습니다. 살아오시면서 소학교 교재를 내놓고 한글을 가르쳐주신 "정", 밤이 깊어 잠드시기 전까지 가르쳐주신 어르신이요, 동리에서 중부로 성장해 왔습니다. 나는 5,6학년 한문과 한글을 부친께서 가르쳐주시며 유독 막내로 나는 행복의 도가니에서 밤이면 아버지의 품속에서 잠자고 귀염둥이로 커오며 오남매 중 유독 나밖에 모르시던 부친이었습니다.

어린 나이인 1940년 2월에 노동초등학교 1학년으로 만 7세에 입학하여 1945년 2월 10일 만12세에 초등학교를 졸업하고, 아버지께서 "막동아 어찌 아빠 몸이 안 좋다." 하시며 광주도립병원에 입원하러 가신 후 치료 중 1945년 3월 23일 갑자기 돌아가셨습니다. 그 후 만 5개월 지나 미국의 원폭으로 서기 1945년 8월 15일, 기쁨의 해방을 맞이하지 못하시고, 젊은 나이인 만40세로 세상을 떠나셨을 때 "조금 더 참고 계셨다가 가셨으면 이 좋은 세상을 보셨을 텐데" 하며 많은 아쉬움이 남았습니다.

초등학교 6학년 졸업과 1950년 2월에 광주기계공업중학교(M) 기계과 1학년에 합격하여 공부하게 되었지만 부친 생각에 가슴 아파오다 5월 29일 여름방학, 고향에 와서 쉬는 중 갑자기 6.25사변이 일어나 저의 집안은 빨갱이로 몰려 학교도 못가고 피신하였습니다. 깊은 산중에 토굴을 파놓고 그곳에서 잠을 잤고, 어느 낮에는 집으로 와 발견되어 그네들이 총 쏘아 왼쪽 다리에 총상을 맞고 광주병원에서 치료하였지만 많은 시간이 흘러가 그 좋은 곳을 못 다니게 되어 죽고 싶은 생각에 많이 울기도 하였습니다.

다시 모친의 말씀을 거역치 못하고 1951년 2월에 보성중학교에 들어가서 1학년 예(禮)조부터 3학년 예조를 졸업하였습니다. 그때의 사변 후인 회상을 더듬어 써놓은 "현대시"를 "무언낭독으로" 올려보려 하오니 모든 작가님 모든 분에게 이해를 구합니다.

무궁화(無窮花)

— 현대시 1주년 기념 광복절(光復節)를 기리며…

학산 최윤표

이젠 귀염스리 수만 송이
홍 연보라 줄무늬 활 피어
길손 멈추게 해 함신 향춘(享春)의 참이려나!

과거 일제 36년 굶주림에 압박과 만행의 설움
또한 넋두리 한과 옥중참상에 사라진 꽃이여

1945년 8월 15일 일제 치하 광복 함성 메아리쳤던
그때 내 나이 만12세 소년 눈물의 환성 광복절!

대한민국 임시정부로 발돋움하고 살아온 지

벌써 1세기 1주년 생일을 맞는 뜻 깊은 날이야!

온 국민과 더불어 이젠 모든 일에 긍지와 비전을
가지고 정도하는 나라로 민족사관 위상과 자국정신
자존심으로 화합하여 함께 살아 갈 무궁화(無窮花) 얼은

더더욱 심혼으로 장대하고 화개 하여
그저 찬란한 흔적도 돋보인 널!
늘... 늘... 온 세계 속에 대한민국을
길이길이 자랑스럽다고 하련다

화림의 사이사이로 피리새가 탐식하는
아침 한나절 만발하여 숨바꼭질 속들 씨방
"강지하여 만연하여 다오"

그리고 우리 온 국민과 더불어 함께
민족정기를 되살려 남과 북 통일을 열망하며
일념통천하는 미래를 열고 살아가자꾸나

내 오래도록 마음 깊숙이 간직했던 한마디
이젠 그날이 돌아오면 여기 있어 적어 보련다

땅(地)은 나라의 국가(國家)
목(木)은 하나의 정기(精氣)
뿌리(根)는 나라의 맥(脈)
잎새(葉)는 나라의(國民)이요

꽃(花)은 나라의 얼을 상징(象徵)함이니
장(壯)한 무궁화(無窮花)라 늘... 늘...
大韓民國 象徵한 꽃이기에 억만년(億萬年)을
부르게 되었노라고 온 세계만방의 만인에게
말 전하련다 늘... 늘... 늘...!

전전긍긍하며 살아오다가 그 좋은 광주기계공업중학교(M) 기계과를 못 가게 모친님이 포기하라고 할 때 어린 심정은 기가 막혀 죽고만 싶었지요.

그러자 맥아더 장군께서 인천 수복작전의 시작으로 나는 학교를 수료하고 감농하다가 셋째 형님께서 군에 입대 훈련 마치시고 전남 광주 송정리비행장 보병(화랑부대) 제11사단 20연대에서 근무 중 전쟁 토벌하다 왼손 중간 총상으로 육군본부 병원으로 이송하여 치료를 마치고 복귀하여 보병 이등중사까지 근무로 만기제대를 하시고 고향에서 서울 상경. 젊어 건축업하시다가 멈추고 노년의 나이 들으셔서 서울에서 근근이 쉬시며 살아오시다 서기2022년 5월에 작고하시어 대전 육군현충원에 안장하여 편히 잠들어 계십니다.

본인은 전시 중 대한민국 건아로서 전남광주경찰서에 가서 당년 18세 "무명지 깨물어 혈서지원" 논산훈련소 23연대 훈련 마치고 포천 5관구사령부로 보충역 받아서 최전방 보병(화랑부대) 제11사단 입소하여 오성산, 갈마리, 지포리, 지경리, 너대리 일동 이동에서 보조헌병으로 근무. 서무계, 일보처리 근무하다가 만 39개월 만기 제대하여 고향에서 감농하다 서울 상경하였습니다.

인장1급기능사 인쇄 사업 중 지역 회장을 하면서 서울시장 상도 2회 타고 고봉산 작곡가를 찾아가 가수 지망도 해보려고 하다 타산이 맞지 않자 산산이 깨지고 작가의 꿈을 품고 서울 고려대 국문학과를 수료하였습니다.

금강산을 다녀와 대한민국 (사)서울시중구문예협회에 작품을 써냈더니 최우수상을 받고 그 후로 문학의 길을 걷기로 하였습니다. 그러다 한국 중구문인협회를 세운 창시자 명예고문을 걸어오며 글을 쓰고 싶어서 한국문인협회 다니며 현대시 제1차 1권(현대시)『만산은 우리를 유혹하네』1,000권을 펴내고 2차 인쇄(2회)로 인쇄하여 펴내었으며 "거목문학사" 양무목 박사님과 임영창 불교문학박사님이 같이 있자하여 합동 근무하며 혼합된 불교시집으로 1,000권 펴내고 제2권은 현대시『그대 그리울 때』인쇄 정공량과 같이 1,000권 펴내고, 양무목 박사님 김사향 여사와 같이 인쇄를 펴냈으며 제3권차 인쇄는 시선사 현대시조집 정공량이『꿈의 블루스』1,000권 인쇄 발표했으며 제4차 인쇄 현대시조집『난생처음 단 한 번』은 한국문학세계대표작가선892 지은이 최윤표 펴낸이 도서출판 김천우 이사장님께서 인쇄 1,000권을 펴냈습니다. 이 책 속에는 대한민국이 살아가기 위하여 시조시인 나의 "신조"의 마음으로 "세계화"를 펴라고 권유해왔습니다. 김영삼

대통령과 박관용 비서실장에게 올려 "세계화" 꼭 하시란 말씀 끝에 앞으로 대한민국이 크게 발전할 거라고 말씀하신 후에 대통령께서 IMF를 깔고 "세계화"를 만천하에 소리 높여 목 메이도록 외쳤으며 그날 같이 세계를 향하여 만방에 "세계화"를 선포하면서 눈물 흘렸던 지은이 시조시인 학산 최윤표 "선구자"길 앞장서서 목이 터지도록 외쳤습니다.

그러고 나서 작가인 저에게 나 같은 사람에게 김영삼 대통령과 손봉숙 여사 내외분과 아들 김현철님께서 제가 뭐라고 연하장을 보내주셔서 받고 보니, 사소히 적은 몇 자의 글이나마 감개무량했습니다. 이러한 연하장을 보내주시니 그 고마움의 뜻으로 답장을 올려드렸습니다. 김현철 씨도 알고 있으며 전 세계 10위권 안에 드는 국가의 위상을 그 당시에 김대중 대통령께서 금 모으기 하시며 인간 최윤표에게 말씀해 주시니 한 장의 종이에 불가하나마 저에게 값진 글월이라 생각합니다.

1993년 "세계화"를 열게 한 "선구자(先驅者)"(fore_runner) 다문화 오대양 육대주, 담을 허물고 대한민국은 선진화의 일 등 국가 기록을 남기는 "얼"을 드높이고 꽃피어 전 세계가 본받게 하여 세계인 모두에게 모범이 되는 깨끗한 백의민족 대한민국 위상을 본받아 인간다운 삶의 길을 걷게 해주는 대한민국의 삶을 배우며 살라는 길잡이로 타국에서 오신 손님 또는 우리도 타국을 다녀오신 분의 교양도 잘 배우시라고 겸손한 말씀 한마디 올립니다.

鶴山 최윤표(崔銃杓) 약력

고려대학교국문학과 문예창작학 24/25/26기	수료		1995년
고려대학교국문학과 문예창작교정 교우회	회원		1995년
서울시 중구문예(일반부) 우수문학상 수상	회원		1995년
한국거목문학사 [시조분과][작가]신인문학상 등단 추대	이사 상임고문	역임	1995년
한국불교문학사 [시조분과][불교분과] 신인문학상	등단이사 중앙위원	역임	1995년
(사)한국문인협회 시조분과 정회원 등단	회원		1995년
한겨레문학사 시조부	부회장	역임	1996년
해동문인협회시조부	운영이사	역임	1996년
한국문학예술 시조부	부회장	역임	1996년
한국세계전기문학인작가협회 시조부 수필 작가	운영이사		1998년
(사)한국국제문화예술협회 [상동]	이사		1998년
(사)한국문학도서관 [제주] 시 시조분과	회원		2000년
(사)한국가곡극문화예술협회 각, 분과	이사		2003년
(사)한국지역문학인협회 [광주] 현대문예 시조부	회원		2003년
(사)한국문인협회지부 [보성문화원] 시조부	회원		2003년

(사)세계문인협회한국본부시조분과	회장	2007년
(사)세계문인협회세계시낭송클럽 시조분과	부회장	2008년
월간『문학세계』『시세계』시조분과	운영위원	
(사)한국시조시인협회 시조분과	이사	2008년
(사)한국문인협회서울중구문인협회지부 시조분과"창시자"	초대명예 고문	1990년
(사)국제문화예술협회교류열린문학 시조분과	이사	2009년
(사)한국육필문예보존회 시조부	이사	2009년
시인부락동인회 시조부	이사	2000년
한국현대문학100주년기념탑 "개화육필문예공원문학비"		2009년
푸시킨 탄신 209주년 기념문학 축전(제1기) 빛나는"한국문단의 인물"중 〈금강산〉 조국평화통일 시조비 1문 건립		
(사)한국시조사랑문학회	이사	2013년
한국문예작가회. 한국시사랑문학회 시조부	고문	2019년
(사)개정보판 한국시대사전 시조부	회원	2010년
(사)도서출판 시조문학사 시조부	이사	2010년
가람시조문학사 〈익산〉 시조부	회원	2011년
월하문학관 〈강원〉 시조부	회원	2011년
(사)한국문예학술저작권협회 NO. 201302A0010-01	회원	2013년

(사)한국자유총연맹자유공론사[특집](현대시)-거목-도봉산에서대표작 [등재발표]회원		1995년

[현대시집] 제1집『만산은 우리를 유혹하네』 초판 5월 25일 재판 7월 20일 인쇄		1995년
[현대시집] 제2집『그대 그리울 때』 초판 발행 4월 10일 재판		2002년

[제1시조집]『꿈의 블루스』 2011년 11월 5일 초판 인쇄		2011년
[제2시조집]『난생처음 단 한 번』 2019년 7월 31일 초판 인쇄		2019년

(사)대한민국평화통일자문위원회연구원	회원	1970년
(사)한국인장전각 1급기능사 인증 NO : 87408020693 H	상임고문	1990년
(사)한국인장기능사협회 [인연가, 작곡, 작사] 본인 최 윤 표		1990년

문민정부[신한국찬가]〈작사〉 김영삼대통령"세계화"제공한"선구자"장본인 최 윤 표		1993년
새천년제2건국관련건사항 김대중대통령 비서실장 유종필(문서번호정정책 120000-137)		1999년

수상 경력

한국거목문학사	시조부	신인문학상 수상	1995년
한국거목문학사	시조부	우수상 수상	1985년
한국거목문학사	시조부	최우수상 수상	1997년
한국거목문학사	시조부	본상 수상	1997년
한국거목문학사	시조부	문학상 수상	2000년

한국불교문학사	시조부	최우수상 수상	1996년
한국븈교문학사	시조부	우수상 수상	1996년
한국불교문학사	시조부	문학상 수상	1998년
한국불교문학사	시조부	본상 수상	2009년

(사)서울시조 중구문예	(제1회) 현대시조부	우수상 수상	1995년
(사)한국육필문예 보존회	(제1회) 현대시조부	최우수상 수상	2000년
한국신문예협회	무원문학상	대상 수상	2018년
(사)세계문인협회 세계문학상 (제W_19_0037호)	시조부	본상 수상	2019년
한국문예시조문학 (한국문예 제2021-06호)	시조부	대상 수상	2021년

국가 공훈

국가공훈표상	서울시 중구청장	표창장 수상	1988
국가공훈표상	서울시 시장	표창장 수상	1990
(사)한국이장전각기능사협회 회장		표창장 수상 2회	1987, 1990

한국문인협회 시조분과 "대한 영토"	표창장 수상	
한국문인협회 시조분과 "해 돋 이"	표창장 수상	2019년
한국문인협회 시조분과 "시조, 꽃피다"	표창장 수상	2021년
한국문인협회 시조분과 "시조 축제"	표창장 수상	2021년

▲ 한국인장협회 1급 기능사

청 와 대
CHONG WA DAE
SEOUL, KOREA

서울 중구 홍인동 114

최윤표 귀하

100-430

희망찬 새해를 맞이하여
모든 소망 이루시길 기원합니다.

김영삼

대통령 김 영 삼 내외

▲ 김영삼 전 대통령으로부터 받은 연하장

문학세계대표작가선 998

조국 통일을 염원하며

鶴山 최윤표 제3시조집

인쇄 1판 1쇄 2023년 9월 6일
발행 1판 1쇄 2023년 9월 13일

지 은 이 : 최윤표
펴 낸 이 : 김천우
펴 낸 곳 : 도서출판 천우
등 록 : 1992. 2. 15. 제1-1307호
주 소 : 서울시 성동구 무학봉28길 6 금용빌딩 2F
전 화 : 02)2298-7661
팩 스 : 02)2298-7665
http://cafe.naver.com/chunwu777
E-mail : cw7661@naver.com

값 20,000원

*본 도서는 한국예술인복지재단의 지원을 받아 발간되었습니다.

ISBN 978-89-7954-909-6